RAPPORT

SUR

L'ASPHALTE

ET LES

PAVAGES EN BOIS

ADRESSÉ AUX HONORABLES MEMBRES DE LA COMMISSION
DE LA VOIRIE DE LA VILLE DE LONDRES

PAR

WILLIAM HAYWOOD, M. Inst. C. E., F. R. I. B. A.

INGÉNIEUR ET INSPECTEUR DE LA COMMISSION

—

17 MARS 1874

PARIS

IMPRIMERIE ADMINISTRATIVE DE PAUL DUPONT
41, RUE JEAN-JACQUES-ROUSSEAU.

1874

RAPPORT

SUR

L'ASPHALTE

ET LES

PAVAGES EN BOIS

ADRESSÉ AUX HONORABLES MEMBRES DE LA COMMISSION
DE LA VOIRIE DE LA VILLE DE LONDRES

PAR

WILLIAM HAYWOOD, M. Inst. C. E., F. R. I. B. A.

INGÉNIEUR ET INSPECTEUR DE LA COMMISSION

17 MARS 1874

PARIS

IMPRIMERIE ADMINISTRATIVE DE PAUL DUPONT

41, RUE JEAN-JACQUES-ROUSSEAU.

1874

Dans une réunion des Membres de la Commission de la Voirie de la Cité de Londres, tenue à Guildhall, le mardi 17 Mars 1874,

Sous la présidence de Wm SUTTON GOVER, Esq.,

L'ingénieur a déposé devant l'Assemblée un Rapport sur l'Asphalte et les pavages en bois. Ordre a été donné d'imprimer ledit Rapport et de le distribuer aux membres de la Commission ainsi qu'aux membres de la Cour du Common Council.

(Signé) JOSEPH DAW,
Clerc principal.

BUREAUX DE LA VOIERIE

LONDRES, GUILDHALL, 17 MARS 1874

CHAUSSÉES CARROSSABLES EN BOIS
ET EN ASPHALTE

MESSIEURS,

On m'a demandé un rapport complet sur les avantages relatifs du Bois et de l'Asphalte au point de vue du pavage, et une estimation de leur prix de revient et de leur durée.

En premier lieu, je prends la liberté de soumettre à la Commission quelques renseignements concernant les chaussées en Asphalte et en Bois construites jusqu'à ce jour dans cette ville.

BOIS. — Le premier pavage en Bois fut établi dans *Old Bailey* en 1839, et ce premier essai fut promptement suivi par une foule de systèmes, les uns très-simples, d'autres très compliqués.

Aucun d'eux n'eut plus de sept ans de durée.

Il est à remarquer qu'à cette époque les rues n'étaient pas aussi bien nettoyées qu'elles le sont à présent, ce qui était un désavantage pour les pavages en Bois.

On ne connaissait pas non plus les moyens de préserver les surfaces de ces derniers.

L'expérience acquise en matière de prix de revient provenait presque exclusivement des études faites sur le granit qui, à cette époque, était d'une qualité supérieure à celui qu'on fournit actuellement à la ville de Londres.

Les pavés employés avaient même une dimension double de celle qui est en usage.

Or, comme la durée de certaines chaussées en Bois avait été très-courte et leur prix beaucoup plus élevé que le granit, il s'établit une prévention contre les pavages en Bois, qui, aussitôt usés, furent remplacés par le granit.

Les chaussées en Bois furent toutefois maintenues dans *Mincing Lane, Gracechurch street, Cornill, Lombard street, Bartholomew Lane, Lothbury* et dans une partie de *Old Bailey* jusqu'en 1871.

A cette époque elles furent toutes remplacées par l'Asphalte, excepté dans *Bartholomew Lane*.

Les pavages en Bois posés récemment et existant dans la Cité à la fin de 1864 sont indiqués dans le tableau suivant avec le détail de leurs dimensions, etc.

TABLEAU N° 1.

TABLEAU INDIQUANT LES LONGUEURS ET SURFACES DES DIFFÉRENTS PAVAGES EN BOIS EXISTANT A LONDRES LE 31 DÉCEMBRE 1873.

Pavage.	Longueur en yards.	Superficie en yards carrés
Système Carey.	134	946
Pavage eu Bois perfectionné. .	701	9,545
Ligno-minéral	27	410
Système Mowlem	171	1,053
— Stone.	26	284
Totaux . . .	1,049	12,238

ASPHALTE. — La première chaussée en asphalte fut établie dans *Threadneedle street* au mois de mai 1869 par la Compagnie d'Asphalte s comprimés du Val de Travers.

Le même genre d'Asphalte fut établi dans *Cheapside* et *Poultry* pendant l'automne de 1870.

Depuis lors, cet Asphalte et celui de plusieurs autres Compagnies ont été appliqués à de nombreuses artères.

Ceux qui existaient dans la Cité à la fin de 1873 sont mentionnés dans le tableau suivant :

TABLEAU N° 2.

TABLEAU INDIQUANT LES LONGUEURS ET SURFACES DES DIFFÉRENTES CHAUSSÉES EN ASPHALTE EXISTANT A LONDRES LE 31 DÉCEMBRE 1873.

Désignation des systèmes de chaussées.	Longueur en yards.	Superficie en yards.
Asphalte (comprimé) du Val de Travers	4,185	34,876
Asphalte (mastic) du Val de Travers	69	232
Asphalte (mastic) de la Compagnie Limmer	1,446	8,477
Asphalte (mastic) de Barnett	1,705	16,544
Asphalte (comprimé) de la Société française	39	327
Asphalte (comprimé) Montrotier	40	346
Totaux	7,484	60,802

Il n'existe pas deux chaussées en Bois ou en Asphalte dont les qualités soient absolument identiques et qui présentent les mêmes conditions de durée et de prix.

Il sera néanmoins nécessaire de s'occuper particulièrement de certaines de ces chaussées, quoique ce Rapport s'applique à tous les systèmes de Bois et d'Asphalte en général.

Or, dans le but de faire des comparaisons directes, je choisirai l'Asphalte comprimé de la Compagnie du Val de Travers et le pavage en Bois perfectionné, vu que ces systèmes sont les meilleurs types de leur espèce et qu'ils sont les plus répandus dans la Cité et le reste de la capitale.

En voici une description sommaire :

Asphalte comprimé de la Compagnie du
Val de Travers.

Cet Asphalte est formé avec des matières premières venant de la Suisse.

On étend l'Asphalte à l'état de poudre sur un lit de béton, de manière à former par la compression une couche de 2 à 2 1/2 pouces d'épaisseur, selon l'importance de la circulation sur la chaussée.

Pavage en Bois perfectionné.

Il consiste en pavés de Bois de sapin de 3 1/2 pouces de large sur 10 de long et 6 de hauteur posés sur un double plancher de sapin, puis goudronnés et cloués ensemble (1).

Les pavés sont juxtaposés dans le sens de leur longueur, mais entre chaque rangée il existe une rainure de 3/4 de pouce, qui traverse la largeur de la rue.

Chaque rainure est maintenue par une tringle clouée sur le plancher.

Ces joints sont remplis de petits cailloux propres et damés, puis remplis de goudron et de brai ou autres compositions bitumineuses.

En ce qui concerne l'Asphalte, malgré l'expérience considérable acquise depuis mon Rapport de 1871, qui comparait l'Asphalte et le granit, je n'ai pas eu à modifier d'une manière sensible les opinions déjà émises par moi à cette époque, de sorte que plusieurs de ces idées se trouveront reproduites dans ce Rapport.

____

(1) Ceci est une erreur de l'auteur du Rapport. Les pavés ne sont pas cloués ; les tringles, seules, sont légèrement clouées par intervalle sur le plancher.

Mes opérations seront classées comme celles de mon Rapport de 1871, quoique dans un ordre un peu différent :

  1° Commodité ;

  2° Nettoyage ;

  3° Pose et réparations ;

  4° Sécurité ;

  5° Durée et prix.

Le principal, sinon l'unique motif qui fait employer le Bois et l'Asphalte pour les chaussées de Londres, consiste dans l'atténuation du bruit des voitures.

L'Asphalte est moins bruyant que le granit, car, étant lisse et sans joints, les roues de voitures passent dessus presque aussi facilement que sur un Tramway. Le seul bruit perceptible est presque entièrement produit par le cliquetis des sabots des chevaux.

Le Bois est moins bruyant que l'asphalte et ne laisse pas entendre ce cliquetis. Par le fait, c'est le moins bruyant de tous les pavages connus.

Il est de toute nécessité de bien entretenir l'Asphalte, car si on le laisse, il tombera vite en morceaux. Il en résulte qu'il offrira presque toujours et régulièrement la même tranquillité et le même confortable.

Les pavages en Bois étant composés de pavés de différentes dimensions, réunis de diverses manières, leur surface s'use inégalement au bout d'un certain temps.

Dans cet état ils occasionnent plus de cahots aux voitures et font plus de bruit que lorsqu'ils sont neufs; mais cet inconvénient n'est ressenti que par les personnes qui occupent ces voitures.

Cette irrégularité plus ou moins grande des surfaces dépend beaucoup des soins accordés à leur entretien, mais il dépend aussi des genres de pavages.

Ceux qui sont formées de pavés larges et très-espacés s'usent plus inégalement que ceux qui sont formés de petits pavés rapprochés les uns des autres.

Les propriétaires du système de pavages en Bois perfectionné déclarent que leurs pavés n'ayant pas de joints courts et reposant sur une base légèrement élastique, ne s'useront pas irrégulièrement.

En effet, il est probable que leur usure sera plus uniforme et qu'ils dureront plus longtemps que tout autre genre de pavage en Bois essayé jusqu'à ce jour, mais il devra certainement s'arrondir en quelque sorte dans le sens de la circulation.

En passant rapidement en voiture sur ce pavage, on remarque qu'il produit un bourdonnement particulier qui est désagréable à certaines personnes.

C'est sans doute l'nomogénéité de sa construction qui en est la cause, ainsi que son extrême régularité et l'élasticité de sa base.

Je crois que ce bruit diminuerait si l'extrême régularité de sa surface venait à disparaître.

En tous cas, ce bruit n'incommode que les voyageurs des voitures. Sous tous les autres rapports ce pavage est aussi silencieux que les autres pavages en bois.

Là où la circulation des voitures le permet, les piétons marchent beaucoup sur l'Asphalte parce que sa surface est unie, propre et sèche. Autant que j'ai pu le remarquer, ils ne marchent pas autant sur les pavages en Bois.

L'eau s'écoule ou s'évapore rapidement sur l'Asphalte pour ce motif qu'il est imperméable à l'humidité.

La boue séjourne dans les joints des pavages en

bois, puis en ressort sous l'influence de la circulation, ce qui fait que leurs surfaces restent malpropres pendant un certain temps après la pluie.

Là où les chaussées sont propres et sèches, les trottoirs le sont ordinairement aussi, car dans les rues étroites qui ont beaucoup de circulation, presque toute la boue des trottoirs provient des chaussées.

Toutefois sous ce rapport, les avantages relatifs des deux systèmes dépendent beaucoup des soins qu'on accorde à leur nettoyage.

Le Bois absorbe l'humidité et se trouve souvent humide quand l'Asphalte est sec, mais s'il est dans un état de propreté suffisant, cette humidité n'affecte pas la sécurité et la commodité de la circulation. Lorsque le temps redevient sec, la boue adhère au bois et pendant un certain temps il ne se produit pas de poussière.

On a dit que parfois les pavages en bois produisaient des émanations désagréables et qu'en conséquence ils pouvaient être malsains; mais quoique certaines rues de la Cité aient été pavées en Bois pendant une trentaine d'années, la Commission n'a reçu, à ma connaissance, aucune plainte à cet égard.

Non-seulement les habitants ont toujours craint de voir les pavages en bois remplacés par d'autres systèmes, mais encore ils ont contribué aux frais de leur renouvellement.

Dans le nord de l'Europe, les pavages en Bois sont en usage constant.

En Amérique et au Canada, beaucoup de grandes villes sont entièrement pavées en Bois, et on ne les considère pas comme malsains.

J'ai quelquefois remarqué des émanations désagréables provenant des stations de voitures, mais je n'ai trouvé aucun autre exemple d'insalubrité.

Ces remarques ne sont applicables qu'aux rues importantes qui subissent l'influence de l'air, du soleil et de la circulation.

Dans les endroits renfermés et dans des conditions semblables, on pourrait soulever des objections contre l'usage du Bois.

Je l'ai vu pourrir dans des localités renfermées et sans circulation.

Il serait peut-être utile de rechercher si les pavages en bois ne pourraient pas contribuer à l'extension des incendies.

Des expériences faites par le capitaine Shaw (chef des Pompiers) et par moi pour le compte de la Commission, ont démontré que l'Asphalte soumis à une chaleur plus intense que celle d'un incendie ordinaire, ne facilitait nullement la propagation du feu.

Il n'y a pas de motifs pour supposer que le Bois se conduirait autrement, car il est posé dans des conditions qui rendent l'ignition de sa surface peu probable.

A Chicago, les trottoirs étaient en plusieurs endroits formés de planches posées sur des madriers de bois. Cette construction s'élevait d'un ou deux pieds au-dessus du niveau de la chaussée, et se trouvait exposée au feu des deux côtés, mais il est fort douteux que l'incendie ait été augmenté par ces trottoirs.

L'Asphalte et le Bois possèdent par conséquent, chacun en ce qui le concerne, certains avantages dont l'autre ne jouit pas au même degré.

Pendant la moyenne de sa durée, l'Asphalte est le plus uni, le plus sec et le plus propre des pavages et, en somme, le plus agréable à parcourir (sauf sous le rapport de la sécurité), mais sous le rapport de la tranquillité des habitants et pour la

circulation des voitures, le Bois est supérieur à
l'Asphalte

NETTOYAGE.

Le Bois, aussi bien que l'Asphalte, devrait être
tenu dans un état de grande propreté pour éviter
le danger, mais l'Asphalte exige cette grande propreté plus encore que le Bois.

L'Asphalte est plus facile à entretenir propre
que tout autre sytème de chaussées, parce qu'il
n'est pas absorbant et n'a pas de joints ; aussi,
peut-on se servir indifféremment et avec succès
du balai, du grattoir, de la pelle ou de l'eau. Le
pavage en Bois est plus difficile à nettoyer à cause
des joints et de la nature absorbante de la matière
première. La Compagnie du pavage en Bois perfectionné a depuis quelque temps entretenu les
chaussées de *King William Street* et de *Ludgate
Hill* qui lui avaient été confiées provisoirement
dans un état de propreté qui n'avait pas encore été
obtenu pour le pavé en Bois ; mais j'ignore le prix
de cet entretien.

Des expériences faites sous ma direction en
1867 et en 1873 pour le lavage des chaussées en
granit et en Asphalte, au moyen de tuyaux à pres-
sion, démontrèrent que l'Asphalte coûte un peu

moins que le granit, mais qu'on obtient avec lui un état plus complet de propreté. Il est probable que le lavage du pavage en Bois coûterait aussi plus que le lavage de l'Asphalte. Le lavage est le moyen le plus efficace pour le nettoyage de toute espèce de pavage et, il est à désirer, qu'on fasse à la première occasion une expérience du lavage sur le pavé en Bois.

L'humidité qui reste à la surface de l'Asphalte, après le lavage, le rend glissant, et la durée de cet inconvénient dépend du soin qu'on apporte à le sécher et des conditions atmosphériques. L'humidité ne rend pas le Bois glissant s'il est propre. L'humidité, quoique visible, est fréquemment plutôt à l'intérieur qu'à la surface du Bois, circonstance qu'il ne faut pas oublier lorsqu'on examine cette question.

On n'arrose pas l'Asphalte dans la Cité de Londres pour abattre la poussière, parce qu'on a soin de tenir la chaussée toujours propre par l'enlèvement constant des ordures. On a prétendu que l'Asphalte produit une poussière très-fine qui détériore les marchandises de luxe; mais quel que soit le système de pavage employé et de quelque façon qu'on en entretienne la propreté, on ne peut éviter la poussière dans les rues commerçantes et très-fréquentées. L'arrosage de l'Asphalte est mauvais à cause de

l'état glissant qui en est le résultat momentané,
et comme il sèche rapidement à la surface pendant
la saison de l'année où il y a le plus de poussière,
il faudrait renouveler continuellement l'arrosage.

Avec le système employé maintenant pour nettoyer le pavage en bois, l'arrosage est nécessaire,
parce que la saleté s'attache au Bois plutôt qu'à
l'Asphalte. Peut-être pourrait-on s'en dispenser
si on lavait tous les jours et si les balayeurs pas-
saient dans la journée, mais je suis loin d'en être
certain.

L'Asphalte permet la circulation quelques heures
après avoir été appliqué ; il ne produit ni saleté ni
poussière hors de la pose ou pour les réparations
nécessaires.

Le Bois demande, lorsqu'il est posé à neuf ou
lorsqu'on le répare, à être couvert de sable ou de
gravier très-fin qui doit rester appliqué pendant
quelques jours ; ce sable ou gravier pénétrant
dans le Bois par suite de la circulation, rend la
surface plus dure et plus durable. C'est pour cette
raison qu'il est bon, plusieurs fois par an, de répéter
cette opération pendant un jour ou deux, bien qu'elle
salisse le pavage. En règle générale, il n'y a pas
nécessité de jeter du sable sur le Bois pour l'empêcher d'être glissant, mais dans certains cas il est

utile de le faire. Pour l'Asphalte, il faut jeter du sable lorsque la surface est légèrement humide et lorsque la circulation est considérable.

Somme toute, je considère que le pavage en Bois peut être tenu plus proprement qu'on ne l'a fait jusqu'ici, mais quel que soit le système adopté, je crois que la difficulté et la dépense seront plus grandes que pour l'Asphalte,— je crois que l'humidité causée par l'arrosage, qui laisse l'Asphalte glissant , a moins d'inconvénients pour le Bois (comme on le verra lorsque je traiterai la question de sécurité). — Qu'il y a parfois nécessité de jeter du sable, tant sur les chaussées en Asphalte que sur le pavage en Bois, — que cette opération doit être plus souvent répétée pour l'Asphalte que pour le Bois, — que les rues sont rendues, lors de cette opération, plus sales avec le pavage en Bois qu'avec l'Asphalte, —mais que dans d'autres cas, les inconvénients qui en résultent dépendent beaucoup du plus ou moins de soin avec lequel le sable est appliqué.

POSE ET RÉPARATIONS.

Les rues de *Cheapside* et de *Poultry* ont été bitumées avec de l'Asphalte comprimé, avec une fondation de béton, à raison de 129 yards (118 m.)

par jour ; *Ludgate Hill* a été pavée avec le pavage en Bois perfectionné, y compris l'enlèvement de la terre pour la fondation en planches, à raison de 125 yards (113 mètres) par jour.

Tout autre système en Bois ou en Asphalte peut être posé aussi rapidement, mais à condition que le temps soit beau. Par la pluie il est impossible de faire la fondation du béton ou l'application de l'Asphalte. Les blocs de Bois, s'ils ne demandent pas de fondation de béton, peuvent être posés par tous les temps, mais le remplissage des joints, soit avec la chaux, soit avec l'Asphalte, ne peut guère être bien fait si le temps n'est pas à peu près sec. Les mêmes observations s'appliquent aux réparations à faire à l'un et à l'autre système en ce qui concerne l'état du temps.

Les réparations d'une très-petite surface peuvent être faites facilement pour tous les Asphaltes. Avec les Asphaltes comprimés, elles peuvent se faire si proprement qu'on n'en retrouve plus la trace au bout de quelque temps, mais avec les Asphaltes mastics les joints restent toujours visibles.

La facilité des réparations au pavage en Bois dépend de sa nature ; ordinairement elles peuvent s'exécuter avec autant de facilité et de la même manière que pour le granit. Les réparations du pavage en Bois perfectionné sont exécutées différemment et nécessitent une description. On coupe la fondation en planches, la ligne de la coupe partant dans les deux couches de planches de deux endroits différents; une troisième planche est ensuite placée sous la couche la plus basse de la fondation, afin de détacher le joint, puis les deux couches de planches sont replacées et clouées ensemble, les blocs étant remis en place et remplis de la manière ordinaire.

Bien qu'on détruise, en opérant ainsi, la continuité des planches premières, la réparation paraît se faire avec facilité, et l'expérience semble prouver qu'en pratique, ce mode atteint parfaitement le but; mais je crois que les réparations exigent un peu plus de temps que pour les pavages ordinaires en Bois.

On a exécuté des réparations au-dessus des tranchées à tuyaux dans *King William Street, Great Tower Street* et *Bartholomew Lane*, et dans ces trois endroits les surfaces ont été bien remises en état et le travail s'est fait rapidement. Je me suis étendu assez longuement sur ce pavage, parce qu'il diffère de tous ceux qui ont déjà été posés dans la Cité de Londres et demande, par conséquent, plus d'explications.

Si l'on met en ligne de compte les saisons et

l'état des temps, l'Asphalte et le Bois peuvent être réparés aussi rapidement l'un que l'autre, mais les réparations des pavages en Bois ont une durée moins longue que celles faites à l'Asphalte ; il y a également nécessité de prendre une plus grande surface de Bois que d'Asphalte pour bien exécuter une réparation, l'Asphalte pouvant être coupé juste de la dimension voulue. Sous ce rapport l'Asphalte a un avantage évident sur le Bois.

SÉCURITÉ

La sécurité donnée par le pavage est d'une grande importance partout, mais particulièrement dans les rues étroites très-fréquentées dans lesquelles tout accident arrête la circulation générale.

Il résulte d'observations faites à Paris, il y a quelques années dans deux rues, l'une pavée d'un grès dur très-employé dans cette capitale, et l'autre Asphaltée, que dans celle pavée en pierre un cheval tombait 1 sur 1,308, et dans la rue Asphaltée 1 sur 1,409.

La police de la Cité de Londres a fait en 1871 des observations qui prouvèrent que environ six chevaux par jour tombaient sur la longueur totale de *Cheapside* et de *Poultry*, c'est-à-dire à raison de 1 sur 2,323 chevaux parcourant ces rues. Dans la même année j'essayai de me rendre compte de ce que pouvait être le glissement sur l'Asphalte, et je m'adressai à diverses personnes qui, par leurs occupations, étaient à même de porter sur ce sujet un jugement correct, et le résultat me porte à croire qu'en moyenne, l'Asphalte n'était pas plus glissant que le granit.

Pourtant il faut dire qu'à cette époque, il n'y avait que deux ou trois rues asphaltées qui se trouvaient doublées par d'autres voies pavées avec d'autres matériaux. Depuis que l'Asphalte a été plus largement employé, les plaintes ont été plus nombreuses, quant à la facilité du glissage, et bien qu'il faille tenir compte du préjugé qui existe généralement contre tout système nouveau (il fut un temps où l'on accusait hautement le pavage en Bois d'être beaucoup plus glissant que le granit), il y a lieu de prendre en considération quelques-uns des rapports faits à la Commission.

Ainsi une pétition a été présentée en juillet dernier, signée par vingt-quatre propriétaires de chevaux, comprenant la Compagnie générale des omnibus de Londres, deux des plus gros entrepreneurs de roulage, les directeurs de trois chemins de fer et des propriétaires d'omnibus et de voitures de place. Seize des signataires représentaient qu'ils possédaient entre eux 13,448 chevaux sur lesquels 8,000 appartenaient à la Compagnie générale des omnibus de Londres, et les autres 5,448 aux quinze signataires, ce qui leur donnait à chacun une moyenne de 363 chevaux. Après avoir établi que, dans leur opinion, l'Asphalte avait plus d'inconvénients que le granit, et que les chevaux s'usaient rapidement en voyageant sur ce pavage, les signataires de la pétition priaient la Commission « de ne plus permettre l'application de l'Asphalte aux principales voies publiques » et demandaient que « des mesures fussent prises pour rendre moins dangereuse pour les chevaux la circulation sur l'Asphalte par le temps humide dans les rues où ce système existait déjà. »

Afin de savoir à quoi s'en tenir sur ce point important, la Commission donna l'ordre, au printemps de l'année dernière, de faire le relevé des accidents qui auraient lieu sur les chaussées en Asphalte, en granit et en Bois. La police de la Cité fut chargée de ce soin. C'est, du reste, je crois, l'enquête la plus complète qui ait été faite à ce sujet ; et, le 16 décembre dernier, je fis mon rapport auquel il sera maintenant nécessaire de nous rapporter.

Les rues choisies pour l'enquête étaient : *Cheapside* et *Poultry* avec l'Asphalte comprimé de la Compagnie du Val de Travers ; une partie de *King William Street* et de *Gracechurch Street* avec le pavage en Bois perfectionné et le pavage ligno-minéral ; enfin les tronçons de *King William Street* et de *Cannon Street* pavés avec le granit d'Aberdeen de 3 pouces. Ces rues ont toutes un trafic considérable de tout genre. L'enquête se poursuivit pendant cinquante jours à raison de douze heures par jour, et la distance totale parcourue par les chevaux représentait 478,523 milles anglais.

Nous ne nous occuperons ici que de la partie de l'enquête qui a trait à l'Asphalte et au Bois. Les chaussées pour les deux systèmes étaient excellentes comme surface ; pour les deux, les pentes étaient, en général, bonnes, celles du pavage en Bois plus mauvaises ; les deux chaussées étaient nettoyées chaque matin et dans la journée. L'Asphalte était lavé de temps en temps, et couvert de sable lorsqu'il était humide. À quatre reprises différentes on jeta du gravier fin sur le pavage en Bois. L'arrosage pour abattre la poussière fut employé sur le Bois et non sur l'Asphalte. La distance totale parcourue par les chevaux fut sur l'Asphalte 203,805 milles, sur le Bois 179,151 milles, donnant ensemble un parcours de 382,956 milles.

Pendant les cinquante jours que dura l'enquête le temps resta presque toujours sec et froid ; il n'y eut donc pas de période d'humidité qui, restant à la surface de l'Asphalte, le rend extrêmement glissant. Le temps était du reste également favorable au Bois.

En définitive on peut dire que les deux systèmes se trouvaient dans des conditions d'égalité aussi complète que possible.

Sur une petite longueur se trouvait le pavé ligno-minéral fait de hêtre minéralisé, les blocs étant de petite dimension avec arêtes cannelées. En proportion les accidents sur ce pavage ont été beaucoup plus nombreux que sur l'autre pavage en Bois, et il faut probablement attribuer cette circonstance surtout à la nature du Bois et au traitement chimique auquel il est soumis. Le sapin est presque exclusivement employé pour les pavages en Bois, mais les accidents qui ont eu lieu sur le pavage ligno-minéral sont compris dans toutes les moyennes d'accidents et de distance données.

La moyenne des cinquante journées de l'enquête a démontré qu'un cheval, avant de tomber, pouvait parcourir :

Sur l'Asphalte . . . . 191 milles.
Sur le **Bois** . . . . 320 —

On a ensuite réparti les accidents en trois catégories, à savoir :

Accidents lorsque l'Asphalte et le Bois sont secs;

Accidents lorsqu'ils sont humides, soit pendant ou après une légère averse, soit après l'arrosage;

Accidents pendant une grande pluie, ou lorsque les surfaces étaient complétement mouillées.

Les résultats sont les suivants pour les trois catégories :

Journées pendant lesquelles la chaussée était généralement sèche.

Distance parcourue avant la chute du cheval.

Asphalte . . . . 223 milles.
Bois. . . . . 646 —

Journées pendant lesquelles la chaussée était plus ou moins humide, y compris l'humidité résultant de l'arrosage.

Asphalte. . . . . 125 milles.
Bois. . . . . 193 —

Journées pendant lesquelles la chaussée était complétement mouillée.

Asphalte . . . . 192 milles.
Bois. 432 —

Par conséquent, dans toutes les conditions possibles d'humidité, et par tous les temps, excepté la gelée, le Bois a été moins glissant que l'Asphalte.

Pendant trente-deux jours on a placé les accidents sous les trois catégories de ;

Chutes sur les genoux ;

Chutes sur les hanches ;

Chutes complètes ;

Avec les résultats suivants :

TABLEAU N° 3.

	Accidents survenus pendant l'enquête de 32 jours.		
	Chutes sur les genoux	Chutes sur les hanches	Chutes complètes
	Pour cent.	Pour cent.	Pour cent.
ASPHALTE	32.04	24.48	43 48
BOIS	84.97	3.07	11.95

Les accidents qui ont le moins d'inconvénients pour la circulation et qui sont le moins dangereux pour les chevaux sont les chutes sur les genoux, puis les chutes sur les hanches, les chutes complètes sont les pires; or, le tableau précédent montre que, sous ce rapport, le Bois est supérieur à l'Asphalte, les accidents les plus fréquents sur le Bois étant les chutes sur les genoux.

Beaucoup de personnes sont d'opinion que les chutes complètes sont les seuls accidents graves auxquels il faut faire attention au point de vue de la sécurité d'un pavage. Si nous nous rangeons à cette opinion, *si nous ne mettons en ligne de compte que les* chutes complètes, nous trouverons que l'enquête de trente-deux jours donne pour résultat :

Distance parcourue
avant la chute complète d'un cheval.

Sur l'**Asphalte** . . . . 686 milles.
Sur le **Bois** . . . . 2,939 —

Si nous poursuivons cette comparaison en répartissant *les chutes complètes seulement* sous les différents degrés d'humidité de la surface, nous trouverons pour résultat :

Journées pendant lesquelles la chaussée était généralement sèche.

Asphalte. . . . . 1,101 milles.
Bois . . . . 4,180 —

Journées pendant lesquelles la chaussée était plus ou moins humide, y compris l'humidité résultant de l'arrosage.

Asphalte. . . . . 335 milles.
Bois. . . . . 1,592 —

Journées pendant lesquelles la chaussée était complétement mouillée.

Asphalte. . . . . 568 milles.
Bois. . . . . 3,582 —

L'enquête prouve donc d'une façon concluante que le Bois offre une plus grande sécurité que l'Asphalte et que les accidents qui se produisent sur le Bois sont moins sérieux.

Les Asphaltes mastics et composés sont un peu moins glissants que les Asphaltes comprimés. Je ne puis dire si cette différence a quelque importance avec le système actuel de ferrage pour nos chevaux; mais ce qui cause cette légère supériorité quant au glissage fait en même temps que ces Asphaltes s'usent plus rapidement sous un lourd trafic. Il y a certains pavages en Bois qui sont plus glissants que le pavage en Bois perfectionné, qui est peut-être le moins glissant de tous. S'il avait été en mauvais état de réparation, il s'y serait produit en proportion un plus grand nombre d'accidents qu'il n'en a été constaté, et tout pavage en Bois est sujet à se trouver en mauvais état avec le temps. Mais quelque système d'Asphalte ou de Bois (faisant allusion seulement au sapin) qui eût pu être choisi comme comparaison, il n'est pas probable que cela eût changé la situation respective de ces deux matières quant à la sécurité qu'elles offrent, et nous avons cru juste, pour établir la comparaison, de prendre le meilleur type de chaque système au point de vue général du trafic public.

Une pluie légère rend l'Asphalte et le Bois plus

glissants ; cet effet se produit sur l'Asphalte aussitôt que la pluie commence ; il faut plus de temps pour amener le Bois à une aussi mauvaise condition.

La possibilité de glisser continue plus longtemps sur le Bois, à cause de sa nature absorbante, que sur l'Asphalte, lorsque la pluie est suivie d'un temps sec.

Lorsque l'Asphalte est glissant au plus haut degré, les chevaux tombent souvent très-soudainement ; sur le Bois ils réussissent à se rattraper plus facilement. Il arrive aussi souvent au Bois d'être dans un état tel que les chevaux glissent ou patinent à sa surface sans tomber. Une petite quantité de boue rend l'Asphalte très-glissant, il en faut plus pour le Bois. Toutes ces assertions peuvent nécessairement être modifiées d'après la nature du Bois et de l'Asphalte, d'après l'état général de la chaussée et de son degré de propreté.

On peut empêcher momentanément le Bois et l'Asphalte d'être glissants, en jetant sur le premier du gravier, sur le second du sable. Mais dans les deux cas on produit la boue. Nous avons déjà remarqué la plus grande difficulté de nettoyer le Bois. Le sable jeté sur l'Asphalte l'use plus rapidement ; le gravier, au contraire, préserve le Bois. On a essayé l'arrosage et le lavage pour empêcher l'Asphalte d'être glissant, et certainement c'est un remède efficace au moment où on l'applique, mais des rues boueuses seront toujours un grave ennui qu'on n'acceptera pas volontiers. Jusqu'à plus ample informé le sable est le vrai remède; c'est celui qui est employé à Paris.

Lorsqu'un cheval tombe sur l'Asphalte, il lui est difficile de se relever, ce qu'il fait plus facilement sur le Bois. On peut cependant remédier à cet inconvénient en jetant sur la chaussée un peu de sable ou une couverture, ce que les cochers se donnent rarement la peine de faire.

Il faut également tenir compte de l'effet produit par la gelée. Par un temps de neige il n'y a pour ainsi dire aucune différence comme sécurité entre l'Asphalte et le Bois. Avec une forte gelée l'Asphalte est généralement sec et sans danger, mais le Bois qui conserve l'humidité est très glissant. L'effet de la gelée sur les chaussées dans le cœur de Londres, ne doit cependant pas être d'un grand poids dans la banlieue, car nous avons quelquefois deux et trois hivers sans que la neige reste une journée entière dans les rues de la Cité, et sans que la gelée rende n'importe quel pavage glissant pour plus de quelques heures à la fois. Dans ce cas le gravier et le sable sont toujours le remède par excellence.

En ce qui concerne la rapidité de la course des

chevaux, — lorsque l'Asphalte est sec et la rue sans encombrement, il permet de conduire avec autant de vitesse et de sécurité que n'importe quel pavage; mais dans les rues où la circulation est considérable, il est imprudent de courir vite, à cause de la difficulté d'arrêter un cheval sur l'Asphalte; cela est plus facile sur le Bois, excepté par les temps de gelée.

Quant aux pentes, — une petite longueur d'Asphalte dans la Cité a une pente de 1/46, une autre 1/57; presque partout ailleurs les pentes sont plus faciles. La Compagnie, en 1871, a résolu de ne jamais donner à l'Asphalte une pente plus élevée que 1/60, et c'est vraiment là qu'il faut s'arrêter.

Les deux pavages en Bois dans *Bartholomew Lane* (système Cares et pavages en Bois perfectionné) ont des pentes de 1 sur 34; dans *King William Street* il y a des pentes de 1 sur 30 et 1 sur 27 qui en coupent d'autres de 1 sur 20 à 1 sur 38; une partie de *Ludgate Hill* donne une pente de 1 sur 26, et dans tous ces endroits la circulation est sûre. Par conséquent le pavage en Bois admet en toute sécurité des pentes bien plus raides que l'Asphalte.

Comme règle générale, en définitive, que l'on

considère la question de sécurité au point de vue de
la distance qu'un cheval peut parcourir avant d'avoir
un accident, ou au point de vue de la nature des
accidents qui se produisent, ou à celui de la facilité
avec laquelle le cheval se relève après une chute,
de la rapidité sans danger de la marche ou des
pentes que l'on peut admettre, le Bois est supérieur
à l'Asphalte.

DURÉE ET PRIX DE REVIENT.

La durée est un élément important du prix des
pavages; il est donc nécessaire de voir tout d'abord
combien de temps ont vécu les chaussées carrossables en Asphalte et en Bois.

ASPHALTE. — L'emploi de l'Asphalte pour les
chaussées carrossables à Londres date du mois de
mai 1869; à la fin de 1870 il n'y avait que trois rues
asphaltées, presque toutes les applications de ce
système ayant été faites pendant les trois dernières
années. Durant cette période, on a essayé onze
sortes différentes: cinq ont complétement manqué;
il y en a d'autres dans un état peu satisfaisant,
quelques-unes donnant des signes évidents de dé-
térioration et devant nécessiter dans un bref délai
un renouvellement complet ou des réparations con-
sidérables. Les Asphaltes comprimés sont jusqu'ici

les plus durables ; en effet, ceux qui existent depuis
le plus long temps ont été examinés avec soin l'année
dernière, et on a trouvé que la perte par l'usage est
insignifiante et que leur surface était en bonne condition.

C'est à Paris que l'Asphalte a été employé depuis
plus longtemps et plus largement que dans toute
autre cité ; la première rue asphaltée de Paris re-
monte à 1854. Dans la plupart des rues asphaltées le trafic est peu considérable, à l'exception
pourtant de quelques-unes, comme la rue Richelieu
et la rue Neuve Saint-Augustin, qui ont une circulation importante. Je n'ai pu m'assurer de la durée
réelle de ces chaussées asphaltées, parce que le système adopté à Paris est de les réparer aussitôt qu'elles
en ont besoin, et comme à chaque réparation, c'est
autant de matière première qui est ajoutée, toute
la surface se trouve en réalité renouvelée au cours
des années. C'est ce système qui est et qui doit être
adopté à Londres. Les statistiques qui m'ont été
données par les Compagnies, quant à l'importance
des réparations exécutées aux différents pavages
depuis qu'ils ont été posés, ne sont pas d'accord
avec mes propres observations, et les payements
convenus pour maintenir ces chaussées en bon état
doivent être basés sur la supposition qu'un renouvellement considérable de la surface est nécessaire.
Après mûr examen, je crois que, sans des répa-

rations fréquentes, aucune des chaussées asphaltées ne peut durer plus de quatre à six années, et que dans l'espace de six à dix ans toute leur surface aura été entièrement renouvelée.

Néanmoins, comme on n'a fait aucune expérience dans cette cité pour déterminer la durée de l'Asphalte, tout ce que l'on peut faire est de prendre les contrats passés pour l'entretien des chaussées, ce qui donnera la mesure de leur durée et de leur prix de revient. C'est le système que j'ai employé dans mon rapport de 1871 pour établir la comparaison des prix de revient de l'Asphalte et du Granit. Le tableau suivant donne les prix arrêtés et convenus de l'Asphalte dans les principales voies publiques.

TABLEAU N° 4.

CHAUSSÉES EN ASPHALTE

Tableau indiquant le prix de revient annuel de certaines chaussées en Asphalte.

Localités.	Indication des genres d'Asphalte.	Nombre d'années d'entretien par les entrepreneurs.	Prix de pose première par yard carré.	Prix de maintien convenu par yard carré pour la durée du contrat.	Coût total des pavages pendant la durée du contrat par yard carré.	Durée moyenne par yard carré par an.
			£ s. d.		£ s. d.	£ s. d.
Cheapside et Poultry..	Asphalte comprimé du Val de Travers	17	0 18 0	2 ans gratis. 15 ans à 1/6 = £1 2 s. 6 d.	2 0 6	0 2 4½
Gracechurch Street ...	Idem	17	1 17 0	2 ans gratis. 15 ans à 1 d. = £0 15 s. 0 d.	1 12 »	0 1 10½
Chaussée de Finsbury.	Idem.........	17	0 16 0	2 ans gratis. 15 ans à 9 d. = £0 11 s. 3 d.	1 7 3	0 1 7¼
Idem.....	Idem	17	0 16 0	2 ans gratis. 15 ans à 9 d. = £0 11 s. 3 d.	1 7 3	0 1 7¼
Moorgate Street	Asphalte de la Cie Limmer (Mastic)	17	0 16 0	2 ans gratis. 15 ans à 9 d. = £0 11 s. 3 d.	1 7 3	0 1 7¼
Lombard Street	Idem.........	17	0 16 0	2 ans gratis. 15 ans à 9 d. = £0 11 s. 3 d.	1 7 3	0 1 7¼
Cornhill............	Idem.........	17	0 15 0	2 ans gratis. 15 ans à 9 d. = £0 11 s. 3 d.	1 6 3	0 1 6¼
Mincing Lane	Idem	17	0 12 0	2 ans gratis. 15 ans à 9 d. = £0 11 s. 3 d.	1 3 3	0 1 4½

Les fondations sont comprises dans ces estimations, mais non les excavations.

BOIS. — Si l'on considère que la dimension des blocs constitue une différence, on a bien essayé dans la cité de Londres une douzaine de pavages en Bois. Ils ont été posés dans des rues ayant un trafic considérable, comme dans des rues avec une petite circulation, et ils ont été soumis à presque toutes les conditions dans lesquelles le pavage se détériore; la Compagnie a donc le bénéfice de sa propre expérience pour établir la durée et le prix du pavage en Bois.

La Compagnie a obtenu l'année dernière de New-York un rapport relatif aux pavages en Bois de cette ville, d'après lequel il paraîtrait que la durée moyenne de ce pavage n'excède pas cinq ans. Mais cette donnée n'a pas le caractère de précision qui permettrait de s'en servir pour notre pays. De plus, les conditions climatériques de New-York sont si différentes de celles de Londres qu'un rapport même plus complet serait de peu d'utilité, car le climat influe sur la sécurité, la durée et autres conditions de l'Asphalte et du Bois, et comme nous avons à Londres une grande expérience pratique du pavage en Bois, je me contenterai des données que nous possédons.

Le tableau suivant montre la durée et le prix de revient des pavages en Bois dans six voies publiques de la Cité, tous ces pavages, excepté un, ayant été remplacés par l'Asphalte.

TABLEAU N° 5.

PAVAGES EN BOIS

Tableau montrant la durée réelle et le prix de certains pavages en bois dans la Cité de Londres.

Désignation des chaussées.	Date de première pose et remise à neuf complète.	Durée.		Prix de la pose première par yard.				Dépense totale des réparatians pendant la durée des pavages.				Prix moyen annuel par yard.			
		Ans.	Mois.	£	s.	d.	fr.	c.	£	s.	d.	fr.	c.	£	s.	d.	fr.	c.
Cornhill............ {	Mai 1855	10	2	0	12	2	15	20	0	17	$4\frac{1}{4}$	21	70	0	2	11	2	60
	Juillet 1865	6	8	0	6		14	58	0	8	$9\frac{3}{4}$	10	97	0	3	$0\frac{1}{2}$	3	80
Gracechurch Street..... {	Novembre 1853	11	7	0	12	8	15	80	0	17	$1\frac{1}{2}$	21	25	0	2	$6\frac{3}{4}$	3	17
	Juin 1865	6	0	0	11	6	14	58	0	6	11	8	60	0	3	$0\frac{3}{4}$	3	82
Lombard Strett .... {	Mai 1851	9	4	0	9	6	11	88	0	6	0	7	50	0	1	$7\frac{3}{4}$	2	02
	Septembre 1860	10	7	0	9	2	11	50	1	0	2	25	20	0	2	9	3	40
Lothbury............. {	Mai 1854	12	3	0	12	6	15	62	1	8	$4\frac{3}{4}$	35	47	0	3	4	4	15
	Août 1866	6	1	0	12	6	15	62	0	3	$5\frac{3}{4}$	4	32	0	2	$7\frac{1}{2}$	3	25
Mincing Lane .... {	Juillet 1841	19	1	0	14	4	17	90	0	13	4	16	65	0	1	$5\frac{1}{4}$	1	77
	Août 1860	13	0	0	9	2	11	50	1	2	$6\frac{3}{4}$	28	17	0	2	$5\frac{1}{4}$	3	02
Bartholomew Lane .... {	Mai 1854	12	3	0	12	6	15	60	0	17	$5\frac{3}{4}$	21	82	0	2	$5\frac{1}{4}$	3	02
	Août 1866	5	5	0	12	6	15	60	0	3	$11\frac{1}{4}$	4	90	0	3	$0\frac{1}{4}$	3	77

Les fondations sont comprises mais non les excavations.

La moyenne de la durée des pavages dans les trois rues les plus fréquentées est d'environ neuf ans; celle dans les trois rues les moins fréquentées a été de onze années et trois mois. Presque tous, avant d'être enlevés, définitivement, avaient été refaits sur leur entière surface et certaines quantités de bois neuf avaient été appliquées de temps en temps en remplacement des parties qui avaient été trouvées trop mauvaises pour être de nouveau employées.

Il faut remarquer que les pavages en Bois qui ont été enlevés dernièrement ont duré moins longtemps que les pavages précédents. Il y a pour cela plus d'une raison, mais on doit faire observer que presque tous auraient pu servir encore quelques années, si on les avait posés à nouveau avec quelques parties de Bois neuf. La commission a néanmoins jugé à propos de les remplacer par l'Asphalte, excepté celui de *Bartholomew Lane*.

En moyenne, les trois rues avec le trafic le plus considérable donnent comme prix de revient 2 sh. 7 1/2 d. par yard carré par an; dans les trois rues à circulation plus restreinte, la moyenne est de 2 sh. 4 1/2 d. par yard carré et par an. Le prix des pavages en Bois *qui ont été enlevés* a donc été plus élevé que celui de l'Asphalte d'après les contrats qui existent aujourd'hui.

Dans un précédent rapport, j'ai établi qu'une grande partie de la dépense des pavages en granit dans cette cité provient de ce que ces pavages sont trop souvent réparés par petites sections, au lieu d'être refaits sur toute leur surface en temps utile (on a donné la raison de cet état de choses). Les mêmes remarques s'appliquent dans une certaine mesure au Bois, dont les blocs ne peuvent se convertir aussi facilement et n'ont pas autant de valeur comme vieux matériaux que le vieux granit. Si on les refaisait en temps utile et au moment où l'économie serait réelle, leur durée serait augmentée et le prix diminuerait.

Avec les contrats actuels, les entrepreneurs pour l'Asphalte aussi bien que pour les pavages en Bois devraient être autorisés à refaire et à réparer les chaussées, alors que ces travaux seraient vraiment utiles, et pour établir une comparaison il nous semble préférable de prendre les prix d'adjudication pour les pavages en Bois récemment posés, comme la mesure de leur durée et de leur prix, et de les mettre en contraste avec les prix offerts pour l'entretien de l'Asphalte. Les points de comparaison sont peu nombreux, la Commission ayant dans certains cas accepté les soumissions pour l'entretien des pavages en Bois seulement pour de courtes périodes.

TABLEAU N° 6.

PAVAGES EN BOIS

Tableau indiquant le prix de première pose et le prix annuel, adjugé pour l'entretien de certaines chaussées en bois dans la Cité de Londres.

Localités.	Dates de la pose.	NOMS des entrepreneurs.	Nombre d'années d'entretien à la charge des entrepreneurs.	Prix de la pose première par yard carré.	Prix d'entretien convenu par yard carré pour la durée du contrat.	Coût total des pavages pendant la durée du contrat par yard carré.	Coût moyen par yard carré et par an.
				£. s. d.		£ s. d.	£ s. d.
King William Street	Fév. 1873	Cie du pavage en bois perfect..	16	0 18 0	1 an gratis. 15 ans à 1s. 6d. = £ 1 2s 6d	2 0 6	0 2 6¼
Ludgate Hill	Nov. 1873	Idem.....	16	0 18 0	1 an gratis. 15 ans à 1s. 6d. = £ 1 2s 6d	2 0 6	0 2 6¼
Sections de Gt Tower Street et Seething Lane.	Sept. 1873	Idem.....	16	0 16 0	1 an gratis. 15 ans à 1s 6d = £ 0 18s 9d.	1 14 9	0 2 2
Bartholomew Lane..	Janv. 1872	Système Carey	(Pas de conventions.)	0 12 6	— —	» » »	» » »
Idem...........	Déc. 1871	Cie du pavage en bois perfect..	3	0 16 0	3 ans gratis	0 16 0	» » »
Duke Street.......	Mai 1873	Système Mowlem et Cie.	*5	0 15 3	2 ans gratis. 3 ans à 1 s. = 3 sh.	Ces chaussées dureront probablement quelques années au delà de la limite du contrat.	
Houndsditch	Pas encore posé.	Idem.....	*7	0 17 0	2 ans gratis. 5 ans à 9 d. = 3 s. 9 d.		
Idem...........	Idem.	Système Carey	*7	0 13 6	2 ans gratis. 5 ans à 1 s. = 5 s.		

Pour les pavages en Bois les fondations sont incluses dans le prix mais non les excavations. Les pavages à la fin de chaque année doivent être en bon état.
× La Compagnie Ligno-Minérale et la Compagnie du Pavage en Bois perfectionné ont offert d'entretenir leurs pavages (en cas de pose), pendant dix et quinze ans ; leurs offres n'ont pas été acceptées.

Le tableau suivant est tiré des tableaux 4 et 6.

TABLEAU N° 7.

TABLEAU INDIQUANT LA DURÉE ET LE PRIX DE REVIENT DE CERTAINES CHAUSSÉES EN ASPHALTE ET EN BOIS, SELON DES SOUMISSIONS FAITES PAR LES DIVERS ENTREPRENEURS.

Localités.	Indications des genres de pavages.	Période d'entretien aux frais des entrepreneurs.	Coût moyen annuel par yard carré.		
		années.	£	s.	d.
ASPHALTE					
Cheapside et Poultry	Asphalte comprimé du val de Travers.	17	0	2	$4\frac{1}{2}$
Gracechurch Street..	Idem..........	17	0	1	$10\frac{1}{2}$
Pavage de Finsbury.	Idem..........	17	0	1	$7\frac{1}{4}$
Lombard Street.....	Asphalte de Limmer (mastic).	17	0	1	$7\frac{1}{4}$
Cornhill	Idem..........	17	0	1	$6\frac{1}{2}$
BOIS					
King William Street..	Pavage en Bois perfectionné.	16	0	1	$6\frac{1}{4}$
Ludgate Hill	Idem..........	16	0	1	$6\frac{1}{4}$
Section de Great Tower Street et Steething Lan.	Idem..........	16	0	2	2

Les pavages coûtent plus ou moins d'après la longueur des rues et leur trafic; on ne peut donc pas arriver à une comparaison exacte, mais les tableaux n°ˢ 4, 6 et 7 semblent établir que le pavage en Bois perfectionné coûtera plus cher que l'Asphalte comprimé, et plus cher encore si on le compare à l'Asphalte Limmer. Il y a d'autres pavages en Bois et d'autres Asphaltes meilleur marché, mais nous croyons juste d'établir la comparaison sur le meilleur type des deux classes.

CONCLUSIONS.

Les conclusions générales, quant aux questions qui forment le sujet de mon rapport, sont :

Premièrement. — *Commodité.*

L'Asphalte est la matière la plus unie, la plus sèche, la plus propre, la plus agréable à l'œil pour les chaussées, mais le Bois donne moins de bruit.

Deuxièmement. — *Nettoyage.*

Le Bois peut être mieux entretenu qu'il ne l'a été jusqu'à ce jour sous le rapport de la propreté, mais il demandera plus de soin et plus de dépense que l'Asphalte pour être maintenu dans un état réel de propreté. Comme ces deux systèmes nécessitent l'emploi assez fréquent du sable et du gravier, il y a peu de différence entre eux sous ce rapport.

Troisièmement. — *Pose, Réparations.*

Mettant en ligne de compte les saisons et les changements de temps, on peut poser et réparer l'Asphalte et le Bois avec une facilité égale, mais l'Asphalte comporte les réparations les plus petites, les plus propres et les plus durables.

Quatrièmement. — *Sécurité.*

Soit au point de vue de la distance parcourue par un cheval avant d'avoir un accident, de la nature de cet accident, ou de la facilité avec laquelle le cheval peut reprendre pied, soit à celui de la vitesse avec laquelle on peut conduire avec sécurité, ou des pentes que peuvent admettre ces matières, le Bois est supérieur à l'Asphalte.

Cinquièmement. — *Durée et Prix.*

Les pavages en Bois avec les réparations ont eu dans cette cité une durée qui a varié de six à dix-neuf ans, et avec un entretien convenable on peut obtenir une moyenne d'environ dix années. La durée de l'Asphalte n'est pas connue, mais avec le système d'entretien adopté, elle peut être égale à celle du Bois. Si l'on compare les offres faites pour la pose et l'entretien pour un nombre d'années des deux meilleurs types de Bois et d'Asphalte, le Bois sera le plus cher.

Pour éviter toute erreur, il est bon de répéter que ces remarques ont trait, dans presque tous les cas, aux pavages en Bois et aux chaussées en Asphalte en général, mais qu'elles s'appliquent plus particulièrement à l'Asphalte comprimé de la Compagnie du Val-de-Travers et au pavage en Bois perfectionné.

J'observe également qu'elles s'appliquent aux rues de Londres et ayant un trafic considérable, car dans les pays où les conditions climatériques et autres sont différentes, il faudrait s'attendre à des résultats différents quant à la sécurité, au prix, etc.

J'ajoute à mon rapport des tableaux montrant la position des chaussées carrossables en Bois et en Asphalte qui existent actuellement ou qui ont été établies dans la cité de Londres pendant ces dernières années.

J'ai l'honneur d'être,

Messieurs,

Votre très-obéissant serviteur.

WILLIAM HAYWOOD,

Ingénieur et Inspecteur.

TABLEAU N° 8.

PAVAGES EN BOIS

Tableau indiquant la position, la description, la surface et la date d'achèvement
des pavages en bois à Londres.

Localités.	Genres de pavages.	Longueur en yards.	Surfaces en yards.	Dates d'achèvement des pavages.	Description des pavages.
Bartholomew Lane.....	Pavage en bois de Carey...	40	468	Janv. 1872.	Base de sable fin ; pavés de 6 ½ pouces à 7 ½ ; longueur de 13 pouces à 15 ; hauteur de 6 pouces. Joints en long ⅜ pouce, ¾ en large, damés avec du sable fin et de la chaux.
Birchin Lane.........	Idem	28	77	Juin 1866.	Idem. Idem.
Jewry Street.........	Idem	42	253	Fév. 1872.	Idem. Idem.
Little George Street....	Idem	24	148	Fév. 1872.	Idem. Idem.
Bartholomew Lane.....	Pavage en bois perfectionné.	48	392	Déc. 1871.	Base en planches ; pavés de $3 \times 9 \times 5$ pouces sur 5 de hauteur, rainures de ¾ de pouce transversales et remplies de cailloux, goudron et autres matières bitumineuses.
Great Tower Street et Seething Lane.......	Idem	76	448	4 Août 1873.	Base en planches ; pavés de $3 \times 9 \times 6$ pouces sur 6 de hauteur, rainures transversales de ¾ de pouce remplies de cailloux, goudron ou autres matières bitumineuses.
King William Street, de Gracechurch Street, et Cannon Street jusqu'à Arthur Street........	Idem	164	3.446	13 Août 1872.	Base en planches ; pavés de $3 \frac{1}{2} \times 10$ pouces sur 6 de hauteur, rainures transversales remplies de cailloux, goudron ou autres matières bitumineuses.

TABLEAU N° 8 *continué.*

Localités.	Genres de pavages.	Longueur en yards.	Surface en yards.	Dates d'achèvement des pavages.	Description des pavages.
King William Street au sul d'Arthur Street et place Adelaïde........	Pavage en bois perfectionné.	147	2.620	25 Janv. 1873	Base en planches, pavés $3\frac{1}{2} \times 10 \times 6$ p., rainures transversales de $\frac{3}{4}$ de pouce remplies de cailloux et de goudron ou autres substances bitumineuses.
Lucgate Hill..........	Idem.	266	2.639	8 Nov. 1873	Idem.
Gracechurch Street.....	Pavage Ligno-Minéral.	27	410	Août 1872	Base de béton; pavés de $3\frac{1}{2} \times 6 \times 4\frac{1}{2}$ p. à bouts coupés obliquement ; rainures d'un quart de pouce remplies de ciment de Portland.
Carnon Street.........	Pavage en bois de Mowlem.	37	377	5 Sept. 1873	Bases de béton; pavés de $3 \times 9 \times 7$ pouces, joints de $\frac{1}{2}$ de pouce, remplis de chaux et de sable lavé.
Duke Street Smithfield..	Idem.	134	676	7 Juin 1873	Idem.
Kirg William Street au nord de Cannon Street.	Pavage en bois breveté de Stone.	26	284	15 Juill. 1873	Base de béton, avec rainures sur la surface de $1\frac{1}{2}$ sur $\frac{1}{2}$ pouce éloignées l'une de l'autre de 3 pouces. Pavés de $4 \times 6 \times 4$ pouces de dimension, bases des pavés faites pour encastrer les rainures. Rainures transversales de $\frac{1}{2}$ pouce, remplies de goudron.

Wᴹ HAYWOOD.
17 Mars 1874.

TABLEAU N° 9.

CHAUSSÉES EN ASPHALTE

Tableau indiquant la situation, la description, la surface et la date d'achèvement des chaussées en asphalte à Londres.

Localités.	Noms des systèmes.	Longueur en yards.	Surface en yards.	Dates d'achèvement des Chaussées.	Description des systèmes.		
Bow Lane de Cannon St. à Cheapside.	Asphalte du Val de Travers.	164	425	22 Sept. 1873	Base de béton de 6 pouces d'épaisseur. Asphalte comprimé de 2 pouces.		
Cheapside et Poultry....	Idem.	625	7.938	9 Déc. 1870	Base de béton 9 p. Asphalte $2\frac{1}{4}$ pouces.		
Chaussée de Finsbury et Moorgate.	Idem.	600	3.861	18 Août 1871	Idem.	6	Idem. 2
George Yard Lombard St.	Idem.	69	232	1er Avril 1871	Idem.	6 p.	Asphalte mastic $1\frac{1}{2}$ p.
Gracechurch St.........	Idem.	272	2.659	22 Juil. 1871	Idem.	9 p.	Asphalte comprimé $2\frac{1}{4}$ p.
King William St. (Ouest)	Idem.	135	1.439	12 Nov. 1873	Idem.	6	Idem. 2
London Wall de Moorgate à Old Broad St.	Idem.	400	3.164	18 Oct. 1871	Idem.	6	Idem. 2
Mansell Street.........	Idem.	131	734	22 Oct. 1871	Idem.	6	Idem. 2
Mansion House St	Idem.	74	3.043	21 Juin 1872	Idem.	9	Idem. 2
Milk Street............	Idem.	60	297	22 Mars 1871	Idem.	6	Idem. 2
Moorgate St. (Nord)	Idem.	99	1.027	18 Août 1871	Idem.	6	Idem. 2

TABLEAU N° 9 bis.

Localités.	Noms des systèmes.	Longueur en yards.	Surface en yards.	Dates l'achèvement des Chaussées.	Description des systèmes.			
Old Bailey	Asphalte du Val de Travers.	68	4 02	2 Mai 1871	Base de béton	6 p.	Asphalte comprimé	2 p.
Old et New Broad Streets	Idem.	485	3.671	25 Mars 1871	Idem.	6	Idem.	2
Queen Street	Idem.	108	799	27 Avril 1871	Idem.	9	Idem.	$2\tfrac{1}{8}$
Russia Row	Idem.	33	80	22 Mars 1871	Idem.	6	Idem.	2
St Ann's Lane	Idem.	68	452	18 Oct. 1873	Idem.	6	Idem.	2
Threadneedle St. (Ouest)	Idem.	47	485	5 Juin 1869	Idem.	8	{ Idem. sur mastic.	2 1/2
Idem (Est)	Idem.	113	438	22 Déc. 1871	Idem.	9	Idem.	2
Throgmorton Street	Idem.	43	150	30 Mars 1871	Idem.	6	Idem.	2
Wood St. depuis London Wall jusqu'à Gresham Street.	Idem.	300	1.492	7 Sept. 1871	Idem.	6	Idem.	2
Wood St. depuis Gresham St. jusqu'à Cheapside.	Idem.	170	671	13 Sept. 1873	Idem.	6	Idem.	2
Castle Street Holborn	Asphalte Limmer.	163	567	7 Nov. 1873	Idem.	6	Asphalte mastic.	2
Clements Lane	Idem.	129	443	23 Oct. 1873	Idem.	6	Idem.	2
Cornhill	Idem.	331	3.333	6 Mars 1872	Idem.	9	Idem.	2
Finch Lane	Idem.	87	227	23 Sept. 1873	Idem.	6	Idem.	2
Lombard Street	Idem.	278	1.153	18 Mai 1871	Idem.	9	Idem.	2
Mincing Lane	Idem.	197	955	23 Août 1873	Idem.	6	Idem.	2
Moorgate Street (central)	Idem.	105	1.038	6 Sept. 1871	Idem.	9	Idem.	2
Old Jewry	Idem.	156	761	18 Oct. 1873	Idem.	6	Idem.	2

TABLEAU N° 9 ter.

Localités.	Noms des systèmes.	Longueur en yards.	Surface en yards.	Dates d'achèvement des pavages.	Description des systèmes.
Bishopgate street Within	Asph. deBarnett	409	4.288	21 déc. 1872	Base de béton 9 p. Asphalte mastic 2 1/4 p.
Carter Lane depuis Creed Lane à Paul's Chain...	—	153	757	7 Sept. 1872	id 9 id id 2 1/4
Feuchurch Street.......	—	463	3.869	11 Juin 1873	id 9 id id 2 1/4
Leadenhall Street......	—	485	4.189	11 Avril 1873	id 9 id id 2 1/4
Lothbury	—	103	2.384	10 Oct. 1872	id 9 id id 2 1/4
Moorgate Street (Sud)...	—	92	1.057	14 Oct. 1871	id 9 id id 2 1/4
Princes Street.........	Société Fse des Asphaltes.	39	327	18 Juil. 1872	id 9 Asphalte compr. 2 5/8
—	Asph. Moutrolier.	40	346	14 Août 1872	id 12 id 2
* Threadneedle Street..	Asph. Maestu.	61	281	26 Janv. 1872	id 9 Asphalte...... 2
† Princes Street........	Asph. Trinidad	29	340	19 Juin 1872	id 9 id 2
‡ Idem	British Asph. Bte	39	371	6 Juil. 1873	id 9 id 2
§ King William Street..	Asph. non glissant de Stone	33	358	28 Juil. 1873	Base de béton 6 pouces d'épaisseur asphalte 2 1/2 pouces, composé de goudron, ciment, sable, minerai de plomb, comprimé à la machine.
Idem	Asph. métalli-(que Foothold).	28	299	27 Oct. 1873	Base de béton 6 pouces d'épaisseur. Asphalte de 4 pouces, etc., 3 pouces d'asphalte anglais sur 1 pouce d'asphalte étranger fondus ensemble.

* Ce pavage a été enlevé le 26 Janvier 1872 et remplacé par l'asphalte comprimé du Val de Travers.
† — — — 16 Novem. 1872 — —
‡ — — — 22 Déc. 1872 — —
§ — — — 12 Sept. 1873 — —
‖ — — — 21 Février 1874 — —

Les renseignements sur la composition des asphaltes fabriqués sont fournis par les inventeurs ou brevetés.